The Mueller Report for Republicans

for Geniuses

By John Miller & John Baron

just FOR

www.justforgeniuses.com

DISCLAIMER: The book is a work of parody. Nothing in this book is meant to imply any facts about any actual persons or entities.

POLI-TICKED OFF COLLECTION TGGT1009

Library of _Con_-gress Cataloging-in-Publication Data

The Mueller Report for Republicans for Geniuses / by John Miller & John Baron
p. cm.
ISBN 978-1-63231-901-2
1. Miller, John 2. Parody, imitations, etc.   I. Title.

First Edition

10 9 8 7 6 5 4 3 2 1

Inside...

From the Special Counsels that brought you riveting, page-turning hits such as the Watergate Report featuring President Nixon, the Starr Report featuring President Clinton and Miss Lewinsky, comes the historic Mueller Report featuring President Trump and the Russians.

No introduction by partisan hacks who wrote their introduction well before they actually read the Mueller Report.

No timeline of the major events. Do we really care what happened in the past? All we care about is the next election.

No key documents from the Special Counsel investigation. Do you think we actually have time to read actual whole documents? Sorry, our limit is basically 280 characters.

Only the 300+ pages of the historic report, fully redacted so you only need to read the important bits.

And so much more...

_____

_____

_____

_____

_____

_____

_____

_____

_____

_____

_____

_____

_____

_____

_____

_____

_____

_____

_____

_____

_____

_____

President

Trump   is

completely

innocent

and

is

the

best

President

ever

████████████████████████████████████

███ President ███████████████████████

████████████████████████████████████

██████ Trump █████████████████████████

███████████████████████████ is ███

████████████████████████████████████

██████████████████████ completely ████

████████████████████████████████████

innocent █████████████████████████████

████████████████████████████████████

████████████████████████████████████

██████ and ███████████████████████████

████████████████████████████████████

██████████████████ is ████████████████

████████████████████████████████████

████████████ the ██████████████████████

████████████████████████████████████

██████████████████ best ███████████████

████████████ President ████████████████

████████████████████████████ ever █████

Read enough? Turn to page 104

President

Trump   is

completely

innocent

and

is

the

best

President

ever

Read enough? Turn to page 104

President

Trump is

completely

innocent

and

is

the

best

President

ever

Read enough? Turn to page 104

███████████████████████████████████████

███ President ████████████████████████████

███████████████████████████████████████

███ Trump █████████████████████████████

███████████████████████████████ is ███

███████████████████████████████████████

████████████████████ completely ████████

███████████████████████████████████████

innocent ████████████████████████████████

███████████████████████████████████████

███████████████████████████████████████

███ and █████████████████████████████████

███████████████████████████████████████

█████████████████ is ██████████████████

███████████████████████████████████████

██████████████ the █████████████████████

███████████████████████████████████████

████████████████████████ best ██████████

████████ President ████████████████████

██████████████████████████ ever ████████

Read enough? Turn to page 104

President

Trump

is

completely

innocent

and

is

the

best

President

ever

Read enough? Turn to page 104

███

████ President ████████████████████████████

███

████ Trump ██████████████████████████

███████████████████████████████ is █

█████████████████████████████████████

████████████████████████ completely ████████

███████████████████████████████████

innocent █████████████████████████

█████████████████████████████████████

████████ and ████████████████████████

█████████████████████████████████████

████████████████ is ████████████████████

█████████████████████████████████████

████████████ the ████████████████████

█████████████████████████████████████

██████████████████████ best ████████

████████ President ████████████████████

██████████████████████████ ever ████████

Read enough? Turn to page 104

President

Trump

is

completely

innocent

and

is

the

best

President

ever

Read enough? Turn to page 104

Read enough? Turn to page 104

_____

_____

_____

_____

_____

_____

_____

_____

_____

_____

_____

_____

_____

_____

_____

_____

_____

_____

_____

_____

_____

_____

President

Trump

is

completely

innocent

and

is

the

best

President

ever

Read enough? Turn to page 104

President

Trump

is

completely

innocent

and

is

the

best

President

ever

Read enough? Turn to page 104

President

Trump
is

completely

innocent

and

is

the

best

President

ever

Read enough? Turn to page 104

President

Trump

is

completely

innocent

and

is

the

best

President

ever

Read enough? Turn to page 104

President

Trump

is

completely

innocent

and

is

the

best

President

ever

Read enough? Turn to page 104

President

Trump

is

completely

innocent

and

is

the

best

President

ever

Read enough? Turn to page 104

President

Trump

is

completely

innocent

and

is

the

best

President

ever

Read enough? Turn to page 104

President

Trump

is

completely

innocent

and

is

the

best

President

ever

Read enough? Turn to page 104

█████████████████████████████████████

████ President ██████████████████████████

█████████████████████████████████████

████ Trump ████████████████████████████

███████████████████████████████ is ████

█████████████████████████████████████

███████████████████████ completely ██████

█████████████████████████████████████

innocent ████████████████████████████████

█████████████████████████████████████

█████████████████████████████████████

████ and ██████████████████████████████

█████████████████████████████████████

██████████████████ is █████████████████

█████████████████████████████████████

████████████████ the ██████████████████

█████████████████████████████████████

████████████████████████ best ███████████

██████████████ President █████████████████

███████████████████████ ever ████████████

Read enough? Turn to page 104

██████████████████████████████████████

████ President ███████████████████████████

██████████████████████████████████████

████ Trump ██████████████████████████

████████████████████████████████ is ██

██████████████████████████████████

████████████████████ completely ████████

██████████████████████████████████████

innocent ██████████████████████████

██████████████████████████████████████

██████████████████████████████████████

████ and ██████████████████████████████

██████████████████████████████████████

██████████████ is ████████████████████

██████████████████████████████████████

████████████████ the ██████████████████

██████████████████████████████████████

██████████████████████ best ████████████

████████████████ President ██████████████

████████████████████████████ ever ████████

Read enough? Turn to page 104

President

Trump

is

completely

innocent

and

is

the

best

President

ever

Read enough? Turn to page 104

President

Trump

is

completely

innocent

and

is

the

best

President

ever

Read enough? Turn to page 104

██████████████████████████████████

████ President ████████████████████████

████████████████████████████████████

████ Trump ████████████████████████

████████████████████████████████ is ████

████████████████████████████████████

████████████████████████ completely ████████

████████████████████████████████████

innocent ████████████████████████████

████████████████████████████████████

████████████████████████████████████

████ and ████████████████████████████

████████████████████████████████████

████████████████ is ████████████████████

████████████████████████████████████

████████████████████ the ████████████████

████████████████████████████████████

████████████████████████ best ████████

████████ President ████████████████████

████████████████████████████ ever ████████

Read enough? Turn to page 104

President

Trump

is

completely

innocent

and

is

the

best

President

ever

Read enough? Turn to page 104

██████████████████████████████████████

████ President ███████████████████████████

██████████████████████████████████████

████ Trump ██████████████████████████ is ███

████████████████████████ completely █████████

innocent ███████████████████████████████

██████████████████████████████████████

██████ and ██████████████████████████████

██████████████████████████████████████

████████████ is ████████████████████████

████████████ the ██████████████████████

██████████████████████████████████████

████████████████████████ best ███████████

████████ President ██████████████████████

████████████████████████████ ever █████████

Read enough? Turn to page 104

President

Trump

is

completely

innocent

and

is

the

best

President

ever

Read enough? Turn to page 104

█████████████████████████████████████

████ President ██████████████████████████

█████████████████████████████████████

████ Trump ███████████████████████████

██████████████████████████████████ is ███

█████████████████████████████████████

████████████████████ completely ██████████

█████████████████████████████████████

innocent ███████████████████████████████

█████████████████████████████████████

████ and █████████████████████████████

█████████████████████████████████████

██████████████████ is ████████████████████

█████████████████████████████████████

██████████████████ the ███████████████████

█████████████████████████████████████

████████████████████████ best ████████████

██████████████ President ██████████████████

██████████████████████████████ ever ████████

Read enough? Turn to page 104

President

Trump

is

completely

innocent

and

is

the

best

President

ever

Read enough? Turn to page 104

President

Trump   is

                                        completely

innocent

            and

                        is

                        the

                        best

            President

                                    ever

Read enough? Turn to page 104

President

Trump

is

completely

innocent

and

is

the

best

President

ever

Read enough? Turn to page 104

_____

_____

_____

_____

_____

_____

_____

_____

_____

_____

_____

_____

_____

_____

_____

_____

_____

_____

_____

_____

President

Trump

is

completely

innocent

and

is

the

best

President

ever

Read enough? Turn to page 104

President

Trump

is

completely

innocent

and

is

the

best

President

ever

Read enough? Turn to page 104

President

Trump   is

completely

innocent

and

is

the

best

President

ever

Read enough? Turn to page 104

President

Trump   is

completely

innocent

and

is

the

best

President

ever

Read enough? Turn to page 104

President

Trump

is

completely

innocent

and

is

the

best

President

ever

Read enough? Turn to page 104

_____

_____

_____

_____

_____

_____

_____

_____

_____

_____

_____

_____

_____

_____

_____

_____

_____

_____

_____

_____

President

Trump

is

completely

innocent

and

is

the

best

President

ever

Read enough? Turn to page 104

President

Trump

is

completely

innocent

and

is

the

best

President

ever

Read enough? Turn to page 104

President

Trump

is

completely

innocent

and

is

the

best

President

ever

Read enough? Turn to page 104

President

Trump

is

completely

innocent

and

is

the

best

President

ever

Read enough? Turn to page 104

President

Trump

is

completely

innocent

and

is

the

best

President

ever

Read enough? Turn to page 104

Read enough? Turn to page 104

President

Trump   is

                                    completely

innocent

                  and

                        is

                  the

                              best

            President

                              ever

Read enough? Turn to page 104

President

Trump

is

completely

innocent

and

is

the

best

President

ever

Read enough? Turn to page 104

President

Trump   is

                            completely

innocent

            and

                        is

                        the

                                        best

            President

                                        ever

Read enough? Turn to page 104

President

Trump

is

completely

innocent

and

is

the

best

President

ever

Read enough? Turn to page 104

President

Trump   is

                                    completely

innocent

          and

                              is

                    the

                              best

          President

                              ever

Read enough? Turn to page 104

President

Trump   is

completely

innocent

and

is

the

best

President

ever

Read enough? Turn to page 104

President

Trump

is

completely

innocent

and

is

the

best

President

ever

Read enough? Turn to page 104

President

Trump

is

completely

innocent

and

is

the

best

President

ever

Read enough? Turn to page 104

President

Trump

is

completely

innocent

and

is

the

best

President

ever

Read enough? Turn to page 104

President

Trump

is

completely

innocent

and

is

the

best

President

ever

Read enough? Turn to page 104

President

Trump   is

completely

innocent

and

is

the

best

President

ever

Read enough? Turn to page 104

President

Trump   is

                              completely

innocent

            and

                  is

                  the

                        best

      President

                        ever

Read enough? Turn to page 104

Yep, that's it. That's the whole book.

We know that Republicans do not learn much from repetition, so how many more times do we need to repeat it? If fifty times is not enough, we suggest you read the book again. As many times as it takes.

You got the point right away? That's wonderful news, but not surprising. After all… you are a Genius!

Use it as a boring old-fashioned notebook. (The left sided pages have been lined for your convenience.)

"Gift it forward" Give the book to an unsuspecting friend, family member, or colleague—and help transform the world into a better place for fellow Republicans.

Add it to your *Just for Geniuses*™ collection. No promises, but serious collectors are expecting the value of all *Just for Geniuses*™ branded merchandise to substantially rise in the decades and centuries ahead.

Admit it, reading
this book was the
smartest decision
you ever made.

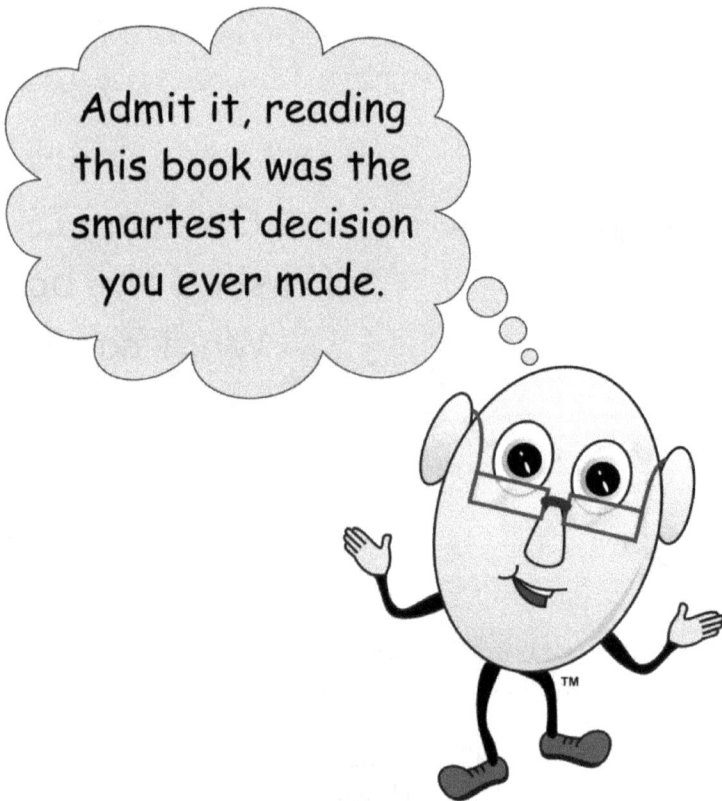

Nonetheless, we would like to thank you for taking the time to read this book.

We couldn't write books like this without readers like you to support us. Any feedback you give would be greatly appreciated. We have fragile egos, so be gentle about it. Or funny.

Please give us feedback at
www.justforgeniuses.com/feedback

Sorry to hear that. But don't despair. The real power of the *Just for Geniuses*™ brand is the flexibility and the ability to customize it **to your needs**. Think gifts, collectibles, promos, charity fund-raising, corporate events, advocacy, and much more.

Depending on your needs, we have the perfect solution for you:

- Submit a customization request to our design team at no cost. (We will try to accommodate everyone's request based on our discretion.)

- Ask our Professional Services team to assist you (minimum order applies.) This is necessary for time-sensitive requests.

- License *Just for Geniuses*™ for your product, service, or media needs. This would give you the most flexibility.

What are you waiting for? Submit your request today at
www.justforgeniuses.com/solutions

www.justforgeniuses.com